THIS BOOK BELONGS TO:

_____

--  --- -- -

_____

Learning By Coloring

This CVC Words Activity Book is full of exercises to help your little one learn common CVC words.

For each group of words, there is a variety of fun and entertaining exercises:

1. Color the illustration
2. Read the word
3. Trace the word
4. Match the word to the picture
5. Write the missing consonant
6. Write the missing vowel
7. Word search
8. Word scramble

Tip:
Many of the illustrations in this book are suitable for coloring. It's best to color the illustrations with crayons so that the next page with exercises won't be impacted.

Happy Learning!
Andrea Lopez
JoyfulLearning.zone

List of CVC Words

Short -a-

-an	-at	-ap
can	bat	tap
fan	cat	cap
pan	hat	nap
van	rat	gap
man	mat	map

List of CVC Words

Short -e-

-en	-et	other
hen	jet	bed
pen	pet	leg
ten	net	web
men		

List of CVC Words

Short -i-

-ig	-it	-in	other
pig	pit	pin	six
big	sit	bin	
dig		tin	
fig			

List of CVC Words

Short -o-

-og	-op	-ot	-ox
cog	cop	pot	fox
dog	mop	dot	box
fog	top		

List of CVC Words

Short -u-

-un	-ug	-ut	other
bun	bug	cut	gum
fun	hug	nut	mum
run	rug	hut	bus
sun			cup
nun			

Read & Color

can

fan

pan

van

man

Trace the words

can   can   can

fan   fan   fan

pan   pan   pan

van   van   van

man   man   man

Match the word to the picture

can

fan

pan

van

man

Write the missing letter

an

an

an

an

an

Read & Color

bat

cat

hat

rat

mat

Trace the words

bat bat bat

cat cat cat

hat hat hat

rat rat rat

mat mat mat

Match the word to the picture

hat

cat

rat

mat

bat

Write the missing letter

Read & Color

tap

cap

nap

gap

map

Trace the words

tap   tap   tap

cap   cap   cap

nap   nap   nap

gap   gap   gap

map   map   map

Match the word to the picture

tap

cap

nap

map

gap

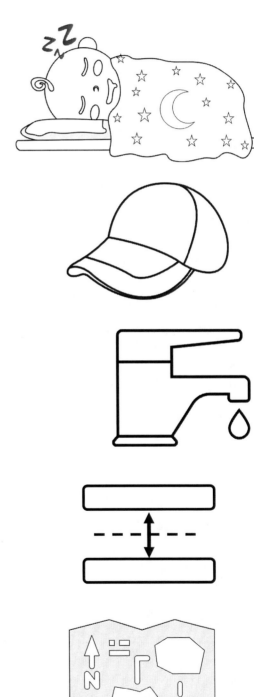

Write the missing letter

ap

ap

ap

ap

ap

Word Search

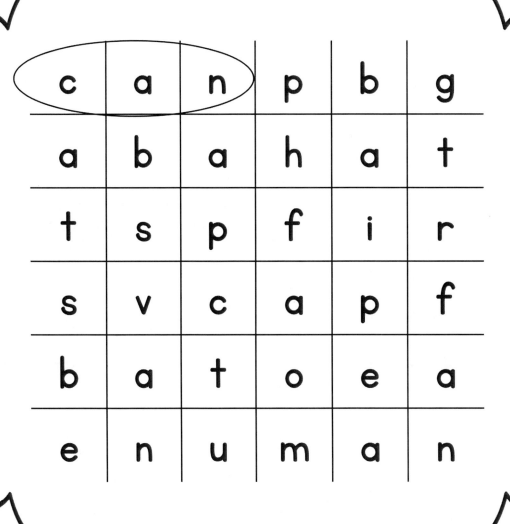

c	a	n	p	b	g
a	b	a	h	a	t
t	s	p	f	i	r
s	v	c	a	p	f
b	a	t	o	e	a
e	n	u	m	a	n

can ~ van ~ cat ~ hat ~

nap ~ cap ~ bat ~ man

Word Scramble

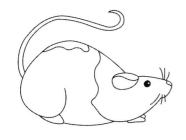

r a t

t r a   n a p   h t a

a n v   p a c   c t a

Read & Color

hen

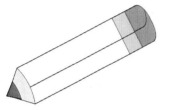

pen

bed

web

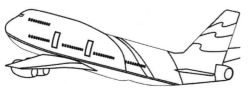

jet

Trace the words

hen   hen   hen

pen   pen   pen

bed   bed   bed

web   web   web

jet   jet   jet

Match the word to the picture

bed

jet

web

hen

pen

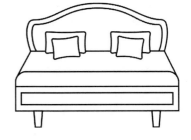

Write the missing letter

ed

en

eb

et

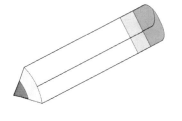

en

Read & Color

 pet

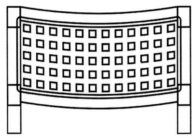 net

 leg

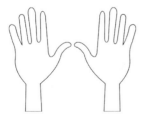 ten

 men

Trace the words

pet   pet   pet

net   net   net

leg   leg   leg

ten   ten   ten

men   men   men

Match the word to the picture

ten

leg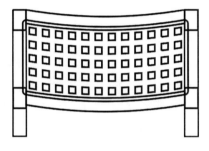

pet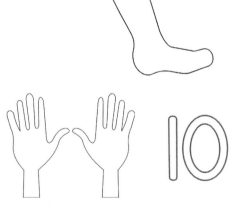

men

net

Write the missing letter

en

eg

en

et

et

Word Search

h	b	e	d	t	s
w	u	l	e	g	i
e	r	n	j	e	t
b	s	g	m	o	p
a	l	p	e	n	e
n	k	m	n	e	t

bed ~ web ~ pen ~ men ~
jet ~ pet ~ leg ~ net

Word Scramble

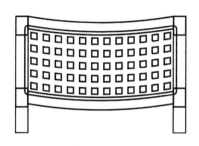

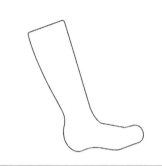

_____

- - - - - - - - - - -

| e | n | t |

| l | g | e |

| n | e | h |

_____

- - - - - - - - - - -

| w | b | e |

| d | e | b |

| n | t | e |

I can read

Circle the correct answer

can	cat

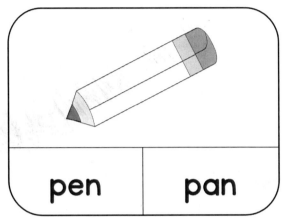

pen	pan

vet	pet

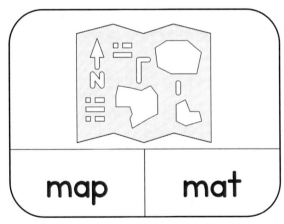

map	mat

van	fan

bed	bid

I can read

Circle the correct answer

cap	cab

pen	pan

van	fan

map	mat

hen	hem

nap	map

Write the missing vowel

r _ t   p _ n   t _ n

n _ t   c _ n   j _ t

w _ b   c _ t   v _ n

Write the missing vowel

p ___ t   p ___ n   c ___ p

n ___ p   t ___ g   h ___ n

t ___ p   f ___ n   b ___ d

I can spell

Use the letters below to build the words

I can spell

Use the letters below to build the words

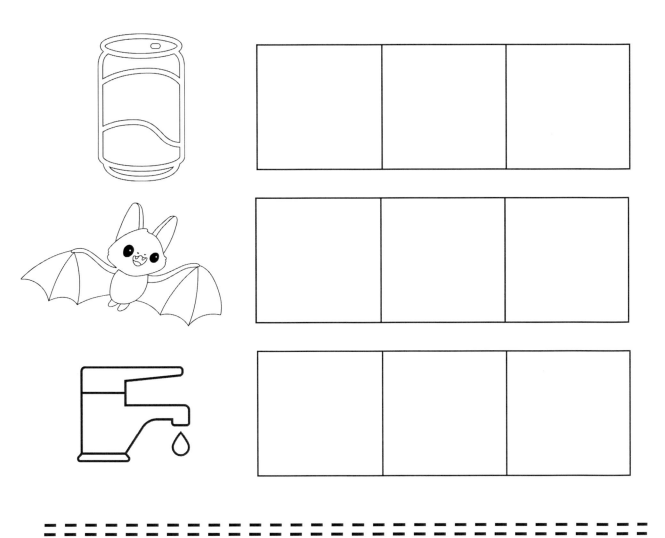

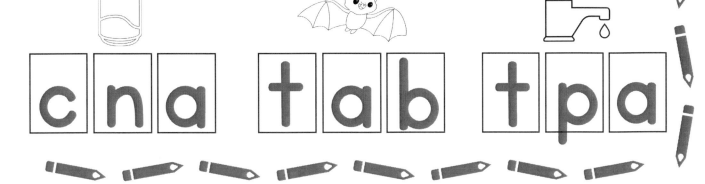

c n a   t a b   t p a

Read & Color

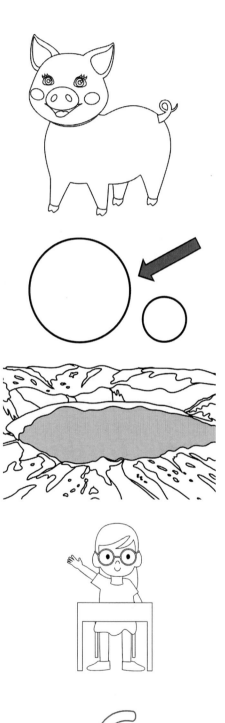

pig

big

pit

sit

six

Trace the words

pig   pig   pig

big   big   big

pit   pit   pit

sit   sit   sit

six   six   six

Match the word to the picture

big

six

pig

pit

sit

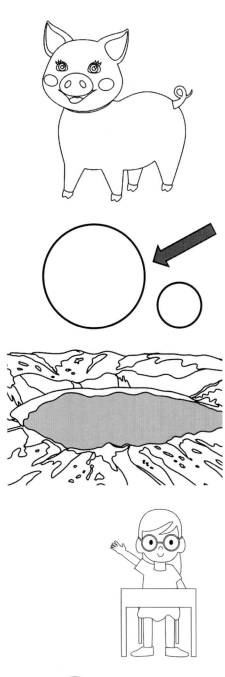

Write the missing letter

6

ix

it

ig

it

ig

Read & Color

pin

bin

tin

dig

fig

Trace the words

pin   pin   pin

bin   bin   bin

tin   tin   tin

dig   dig   dig

fig   fig   fig

Match the word to the picture

tin

pin

bin

fig

dig

Write the missing letter

ig

in

ig

in

in

Word Search

s	e	f	s	i	x
a	t	i	n	o	r
b	i	g	p	g	a
e	d	s	i	t	u
b	i	s	t	o	m
r	g	e	b	i	n

fig ~ tin ~ sit ~ pit ~
big ~ dig ~ bin ~ six

Word Scramble

| p | g | i |

| i | n | p |

| n | i | t |

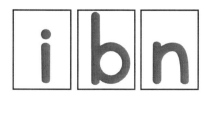

| i | b | n |

| x | i | s |

| d | g | i |

Read & Color

mop

cop

cog

dog

fog

Trace the words

mop mop mop

cop   cop   cop

cog   cog   cog

dog   dog   dog

fog   fog   fog

Match the word to the picture

cop

cog

mop

fog

dog

Write the missing letter

og

og

op

op

og

Read & Color

top

pot

dot

fox

box

Trace the words

top top top

pot pot pot

dot dot dot

fox fox fox

box box box

Match the word to the picture

dot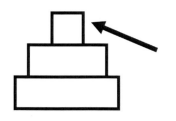

fox

top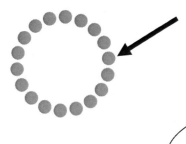

box

pot

Write the missing letter

_ox

_op

_ox

_ot

_ot

Word Search

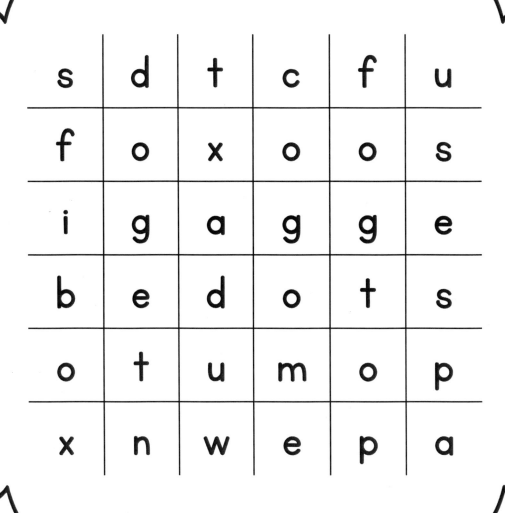

s	d	t	c	f	u
f	o	x	o	o	s
i	g	a	g	g	e
b	e	d	o	t	s
o	t	u	m	o	p
x	n	w	e	p	a

cog ~ fog ~ dog ~ fox ~
mop ~ top ~ dot ~ box

Word Scramble

 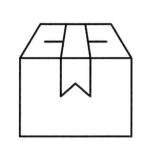 

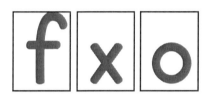 f x o   x o b   p c o

m p o   g d o   p t o

I can read

Circle the correct answer

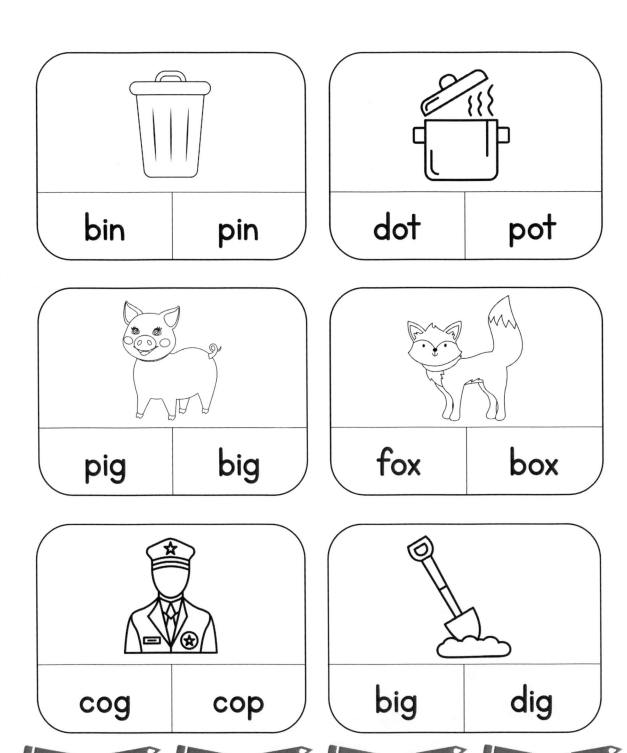

bin	pin

dot	pot

pig	big

fox	box

cog	cop

big	dig

I can read

Circle the correct answer

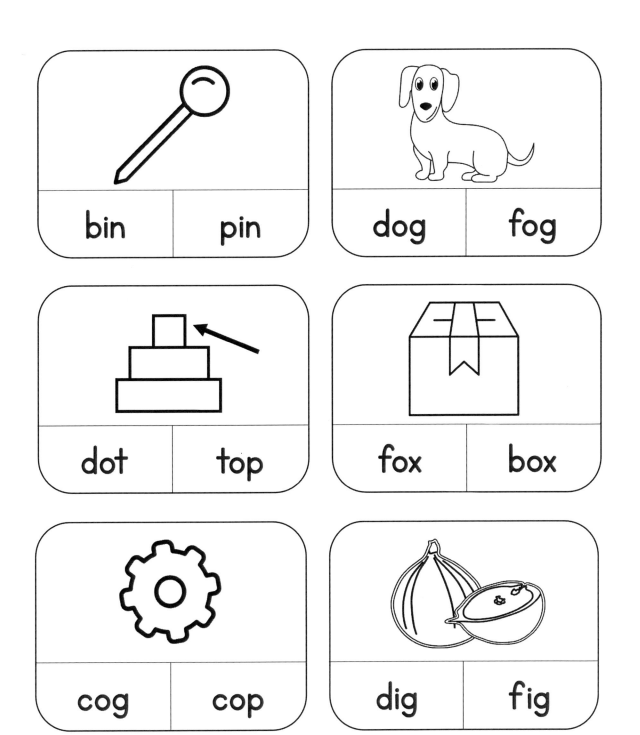

bin	pin

dog	fog

dot	top

fox	box

cog	cop

dig	fig

Write the missing vowel

m __ p

p __ n

t __ n

p __ g

p __ t

d __ g

b __ x

b __ n

c __ p

Write the missing vowel

t _ p   f _ g   d _ g

c _ g   f _ x   f _ g

p _ t   b _ g   s _ t

I can spell

Use the letters below to build the words

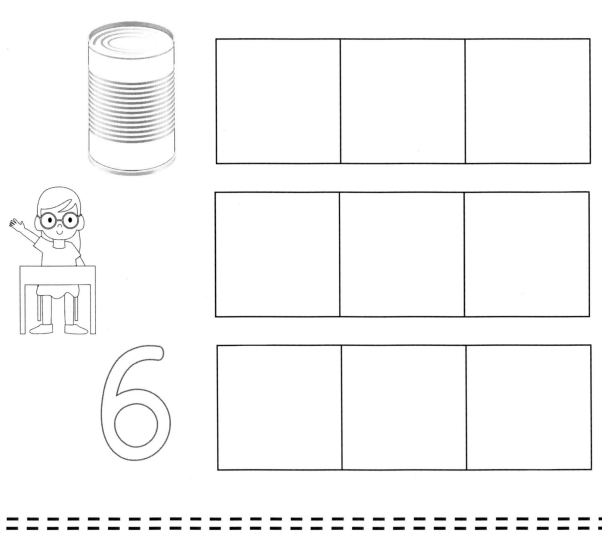

I can spell

Use the letters below to build the words

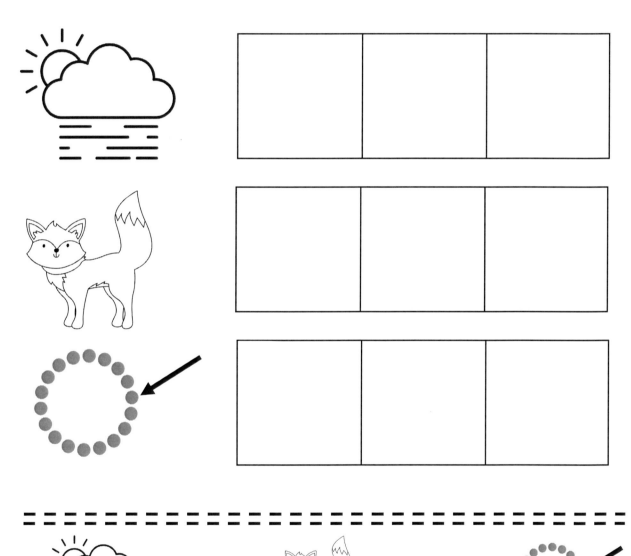

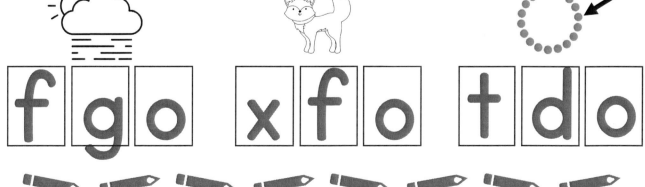

Read & Color

bun

fun

run

sun

nun

Trace the words

bun bun bun

fun fun fun

run run run

sun sun sun

nun nun nun

Match the word to the picture

sun

bun

nun

run

fun

Write the missing letter

_un

_un

_un

_un

_un

Read & Color

bug

hug

rug

cut

nut

Trace the words

bug   bug   bug

hug   hug   hug

rug   rug   rug

cut   cut   cut

nut   nut   nut

Match the word to the picture

rug

nut

bug

hug

cut

Write the missing letter

ut

ut

ug

ug

ug

Read & Color

 bus

 cup

 hut

 mum

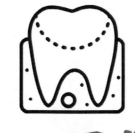 gum

Trace the words

bus bus bus

cup cup cup

hut hut hut

mum mum mum

gum gum gum

Match the word to the picture

hut

gum

bus

cup

mum

Write the missing letter

um

ut

up

um

us

Word Search

a	g	e	h	u	t
g	u	s	r	i	x
l	m	u	m	b	c
f	a	h	b	u	s
u	t	k	a	n	e
n	u	t	n	u	n

mum ~ gum ~ bus ~ hut ~
nut ~ fun ~ nun ~ bun

Word Scramble

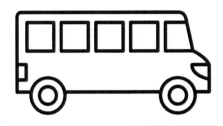  

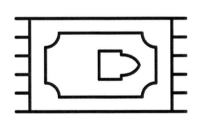  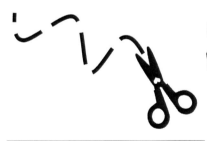

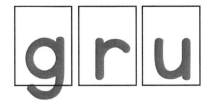 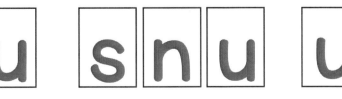 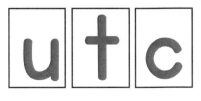

I can read

Circle the correct answer

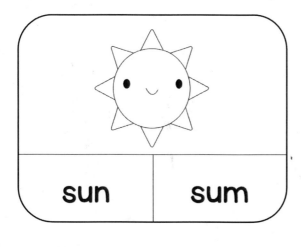

sun	sum

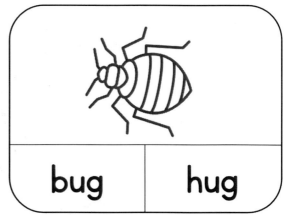

bug	hug

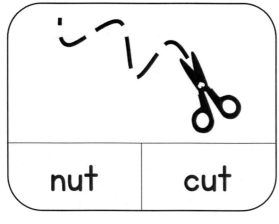

nut	cut

bun	fun

cat	cab

hen	hem

I can read

Circle the correct answer

pit | sit

pen | pan

hut | nut

map | mop

van | fan

cop | cup

Write the missing vowel

f _ n   f _ g   h _ n

m _ p   j _ t   c _ n

h _ g   n _ p   c _ t

Write the missing vowel

r _ n   c _ p   s _ n

b _ s   w _ b   n _ n

b _ d   h _ t   t _ p

I can spell

Use the letters below to build the words

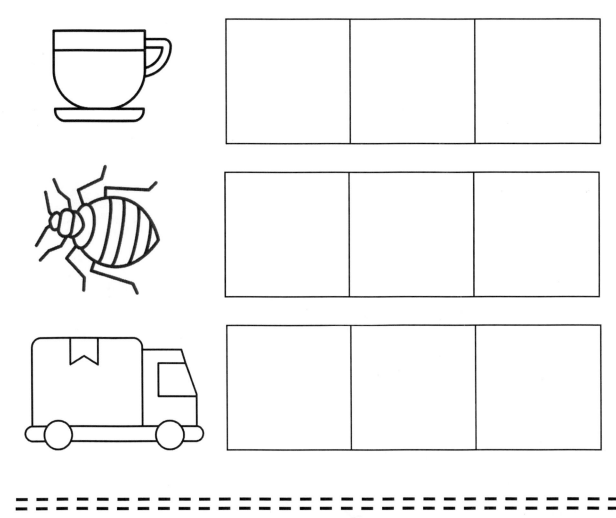

I can spell

Use the letters below to build the words

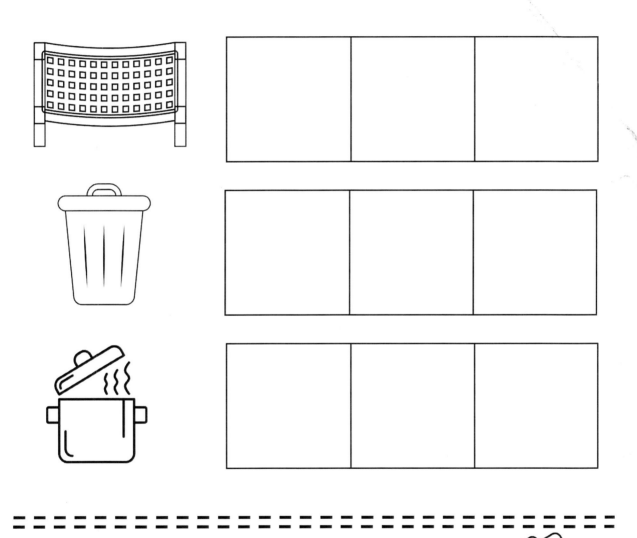

Made in United States
North Haven, CT
18 May 2023

36722746R00046